a amazônia

Texto e Ilustrações
Rubens Matuck

BIRUTA

São Paulo - 2012

Copyright © Rubens Matuck

6ª edição - 2012

Texto e Ilustrações
Rubens Matuck

Capa e Projeto Gráfico
Casa Rex

Revisão
Mariana Mininel de Almeida

Coordenação Editorial
Editora Biruta

Dados Internacionais de Catalogação na Publicação (CIP)
(Câmara Brasileira do Livro, SP, Brasil)

Matuck, Rubens
    A Amazônia / Rubens Matuck ; ilustrações
do autor. - - São Paulo : Biruta, 2005 - -
(Série natureza brasileira)

ISBN: 978-85-88159-41-9

    1. Amazônia - Literatura infantojuvenil
2. Literatura infantojuvenil I. Título. II. Série.

05-0317   CDD - 028.5

Índices para catálogo sistemático:
1. Amazônia : Literatura infantojuvenil   028.5

Edição em conformidade com o acordo
ortográfico da língua portuguesa.

Todos os direitos desta edição reservados à
Editora Biruta Ltda
Rua Coronel José Euzébio, 95 – Vila Casa 100-5
Higienópolis – CEP: 01239-030
São Paulo – SP Brasil
Tel (11) 3081-5741 Fax (11) 3081-5739
E-mail: biruta@editorabiruta.com.br
Site: www.editorabiruta.com.br

A Amazônia é um grande sistema de rios,

igarapés e lagoas que entremeiam a vegetação luxuriante, regada por chuvas intensas.

O pirarucu e o peixe-boi são exemplos dos muitos e variados peixes e mamíferos que vivem na Amazônia.

Nos igapós, partes da floresta que estão quase
sempre inundadas, as águas sobem muito
sem perder a nitidez. O boto na água e o maguari
no ar procuram peixes entre os troncos semissubmersos.

A natureza dotou os animais de meios
que facilitam a sua sobrevivência.

Como esta ariranha,

cujos "pés de pato" permitem que ela avance
veloz sobre o surubim.

O guarapiranga forma ninhos nos galhos das árvores próximas do rio. O bando, que se espalhou pelas margens, **volta aos ninhos, com a iminência das chuvas.**

A cada ano, as tartarugas sobem nos tabuleiros dos grandes rios. Enterram muitos ovos nas areias, onde são chocados pelo calor do Sol.

Devido à ação dos predadores, porém, poucos filhotes atingirão a idade adulta.

Na várzea, escondida pelas plantas,
a onça vai se aproximando das capivaras.
Para que elas não sintam seu cheiro
nem ouçam seus passos, a onça anda contra o vento.

Ainda que as capivaras se apercebam dela
a tempo e se lancem na água, a onça poderá
alcançá-las, por ser, como tantos animais
da Amazônia, exímia nadadora.

De repente, os vaga-lumes clareiam a noite.

O silencioso casal de veados se abriga nas raízes gigantescas da sumaumeira, enquanto os pequenos macacos-da-noite se exibem nos cipós.

Texto e Ilustrações
Rubens Matuck

a amazônia

diário de viagem

BIRUTA

No Rio Negro – para mim, o mais espetacular da Amazônia (é difícil dizer isso, pois conheço poucos e eles são muitos). Em suas águas pretas, uma infinidade de peixes multicoloridos: uma piranha e um matupari.

Malupari
cuaotllinas 20 4 88

No caminho da aldeia Kanupa do Rio Amônia, os primeiros sinais das florestas nas comunidades ribeirinhas: uma menina e seu animal de estimação, um belo e jovem macaco-aranha.

Nas comunidades, há muitos coatis domesticados.
O coati é um animal tão inteligente e esperto que é difícil
dizer se é o dono quem manda nele ou o contrário.

Uma piraíba – ou será um filhote –, um peixe grande do Rio Negro. Do barco, avistei uma bela piraíba, que tem muito respeito dos pescadores pela sua ferocidade.

Pícaraíba,
arrastre, pelo barco
o Tonico conpron
do pescada as 2
pírubas   18 01 2002

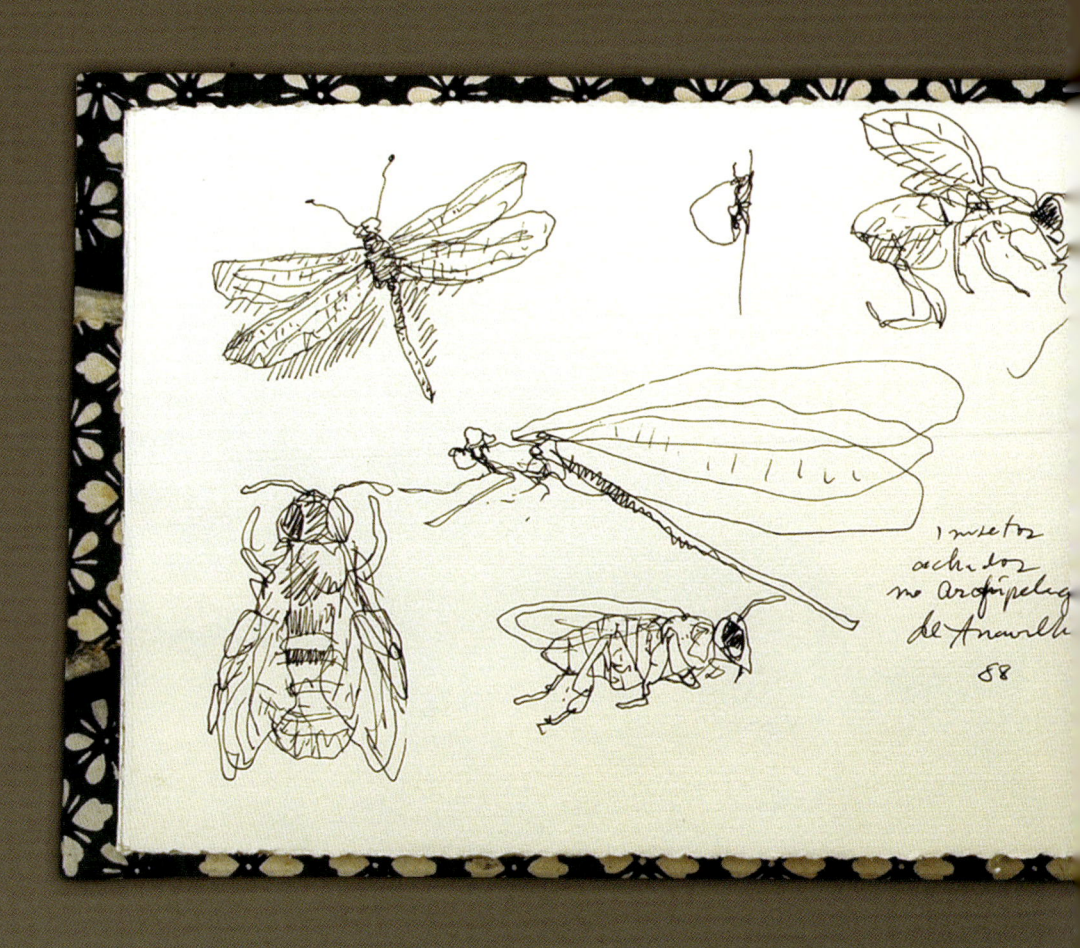

No Pará, na aldeia Araiveté, tive uma ideia do que é um povo integrado com os animais. Nunca vi tantos animais juntos na minha vida. O grande besouro da página da direita era o brinquedo do pequeno araiveté.

insetos da Aldeia
Aramete Para

Passando por Barcelos

Fiz uma viagem a trabalho de Manaus a São Gabriel da Cachoeira, pelo Rio Negro, que durou cinco dias. Ali, fiz estas pequenas paisagens de aquarela das margens.

Será que existe um lugar com tantas variedades
de frutas como o Amazonas?

Se tiver, deve ser um lugar inacreditável.

A flor da vitória-régia em toda sua beleza. Esta planta tem um nome curioso em certas regiões da Amazônia: forno de barro, mas não sei por quê...

Em Belém, no Museu Goeldi, fiquei quieto ao lado do poço, onde vivem os peixes-boi, anotando e observando cuidadosamente seus movimentos, sua respiração...

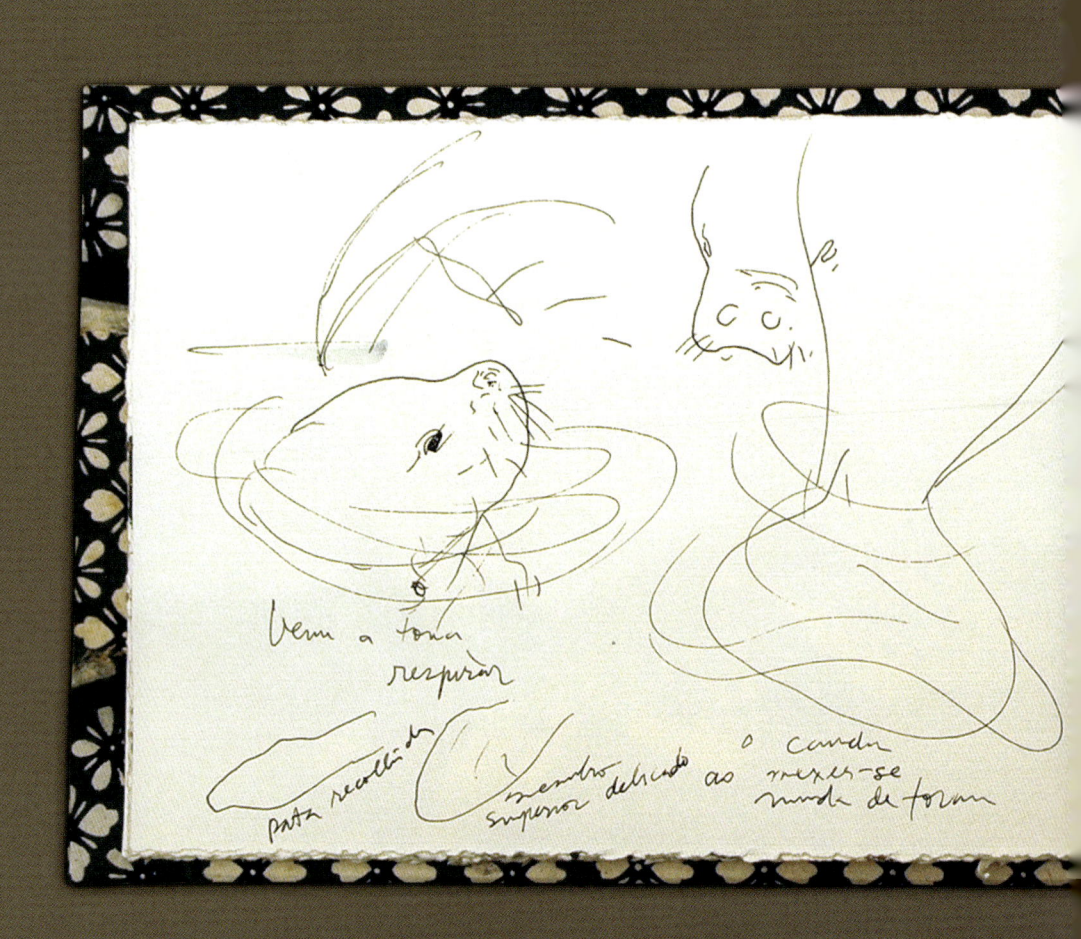

nari aberto   nan fechado

respira de
15 em 15
mnutos
longa espera

musen Goeldi Reise boi no tangue
insto e delicado mamifero

de f

Japotis
(araweté)

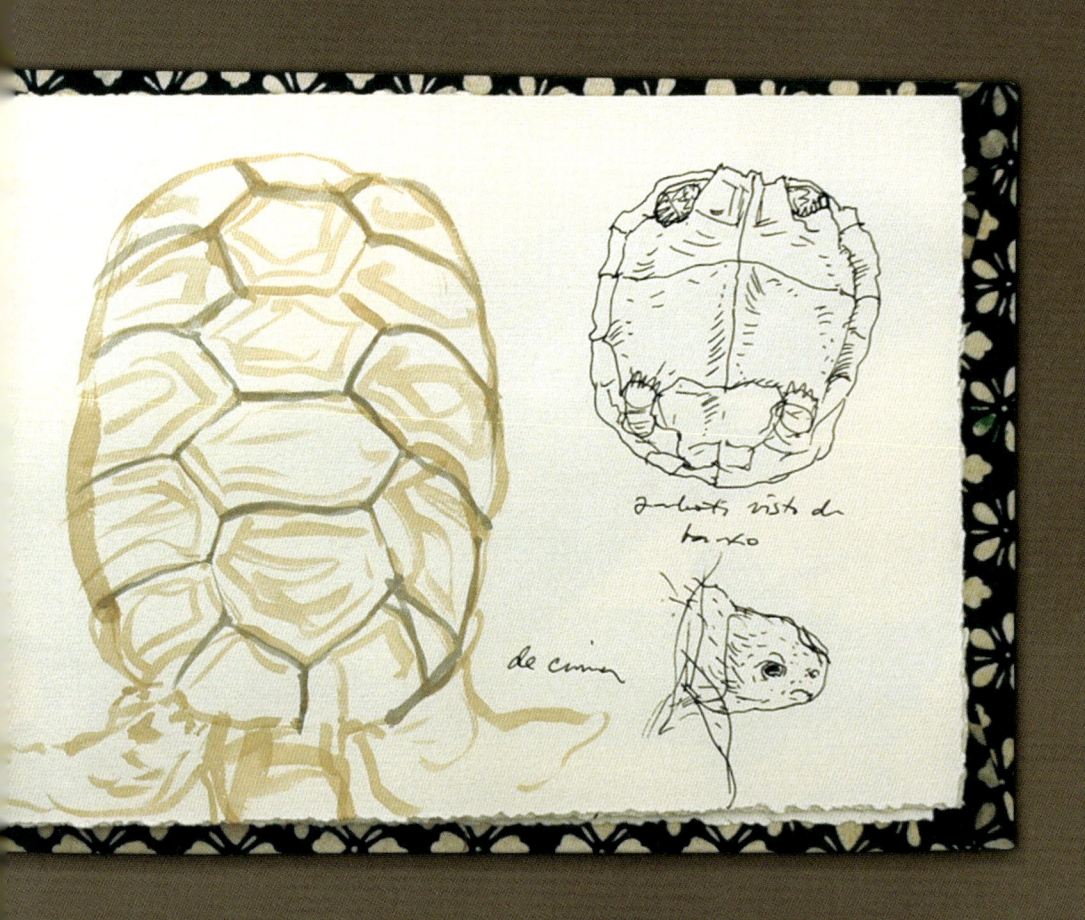

Os jabutis parecem pedras e vivem por todos os chãos de florestas do Brasil. São animais tão simpáticos, úteis e mansos, que, às vezes, nos esquecemos do seu valor para nós.

Texto e Ilustrações
Rubens Matuck

a amazônia

guia do
viajante

BIRUTA

Quando viajo, levo uma mala composta de coisas que normalmente necessito em ocasiões assim.

Essa mala contém, por exemplo, remédios que toda pessoa sabe que precisa. No meu caso, aspirina, para gripes e resfriados.

Geralmente viajo a trabalho ou sou convidado. Assim que recebo a incumbência ou o convite, penso na maleta.

Primeiro de tudo, ela tem que ser um pouco resistente e impermeável, pois, às vezes, eu viajo de barco e toda a bagagem pode se molhar com a simples passagem de uma lancha em alta velocidade pelo rio.

O seu conteúdo é pensado cuidadosamente:

1. Remédios;

2. Material de primeiros socorros, como esparadrapo, antissépticos e gaze;

3. Toalhas de papel;

4. No meu caso, míope desde pequeno, um ou dois óculos extras. Certa vez caí no Rio Amônia, no Acre, e perdi os óculos no leito do rio, mas, felizmente, tinha um de reserva;

5. Binóculo, para ver pássaros a distância e estrelas à noite;

6. Por falar em estrelas, levo um mapa celeste, pois adoro ver as constelações, imaginando o que elas representam nas diversas culturas;

7. Caderno de viagem, pois costumo anotar tudo, como detalhes de flores, paisagens e as conversas das pessoas dos lugares que visito;

8. Uma caneta e uma pequena caixa de aquarela especial para viagens;

9. Uma pequena caixa de CDs vazia para guardar folhas secas que encontro pelo caminho;

10. Caixas de plástico para coletar sementes de toda espécie;

11. Sacos de lixo.

Os itens têm a ver com a personalidade de cada pessoa e com o que ela gosta de fazer na viagem. Você deve levar em conta a sua personalidade e imaginação na hora de fazer a mala de viagem.

Alguns cuidados mínimos têm de ser tomados quando se faz esse tipo de viagem, de contato com a natureza.

Sempre aprecie e sinta os perfumes, olhe as paisagens e as cores das viagens. Esses detalhes contribuem para que nos tornemos mais humanos, respeitando a natureza e as outras pessoas.

Respeite os ninhos dos animais como se fossem a sua própria casa.

Deixe os rios limpos, recolhendo o seu próprio lixo num pequeno saco, que você leva de volta ao hotel ou aonde estiver hospedado.

Tenha respeito pelos companheiros de viagem.

A jornada pode ter momentos tensos e, quanto mais calmo você ficar, mais vai ajudar o grupo nessas situações.

Procure sempre andar em companhia de pessoas que conheçam o lugar e sejam de confiança.

Respeitar as pessoas do lugar é respeitar a si mesmo. Podem nascer inesperadamente grandes amizades nesse tipo de viagem.

Cada região deste país em que vivemos apresenta coisas que só lá acontecem. Cada região tem os seus próprios animais e plantas, que a tornam notável e curiosa aos nossos olhos.

Sempre que puder, conheça uma pessoa de mais idade que saiba a história do lugar. Com isso, você pode ter surpresas incríveis.

Eu acho que viajar é um dos grandes prazeres do ser humano. Conhecer os lugares e fazer uma viagem agradável nos faz muito bem.

Rubens Matuck é artista plástico, escultor, escritor e faz desenho gráfico. É autor de mais de trinta livros infantis e em quinze deles cuidou não só das ilustrações como também do texto.

A fauna e a flora brasileira são os temas destes livros. Publicou pela Editora Biruta os títulos da série Natureza Brasileira sobre animais em extinção e as regiões do país. *O Lobo-guará, A Baleia-corcunda, O Beija-flor-de-topete* e *A Ararajuba* receberam o Prêmio Altamente Recomendável da Fundação Nacional do Livro Infantil e Juvenil (FNLIJ) em 2004. Sobre as regiões brasileiras foram publicados cinco títulos pela Editora Biruta: *A Caatinga, O Pantanal, A Amazônia, O Cerrado* e *A Mata Atlântica*.

Rubens Matuck recebeu prêmios como o Jabuti de Melhor Ilustração de Livro Infantil em 1993 e o Salon du Livre de Jeunesse (Paris, 1992).